AF316894

NOTICE

SUR LES CAUSES

DE LA PROSPÉRITÉ PUBLIQUE

ET

DE LA DÉCADENCE DU COMMERCE.

Par J. F. WEBER.

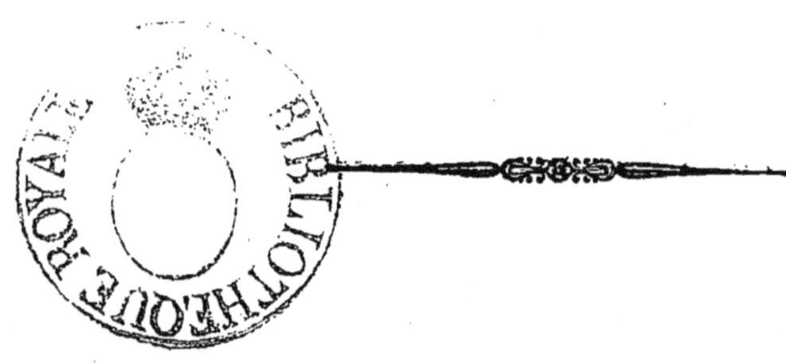

A VERSAILLES,

Chez LARCHER, Libraire, rue des Réservoirs, n.° 16,
vis-à-vis le théâtre.

A PARIS,

Chez CHARLES MARY et C.ie, passage des Panoramas, n.° 60.

1831.

Aux Français

MES CHERS COMPATRIOTES,

La perfectibilité des Gouvernemens reposant bien plus essentiellement sur la bonne direction donnée à l'emploi des produits agricoles et manufacturés, que sur les théories d'opinions que les peuples épousent avec ardeur, j'ai cru devoir présenter dans cette Notice un apperçu succint des causes principales auxquelles se rattache notre prospérité. Mais, en faisant connaître la meilleure voie à suivre, j'ai dû indiquer la route contraire, qui est précisément celle que nous tenons depuis long-temps. Puisse-t-il résulter de ces éclaircissemens, mis à la portée de tous, quoique présentés d'une manière sommaire, un heureux changement dans l'emploi des immenses ressources que nous possédons, et qui, sans contredit, nous doivent faire tenir le premier rang parmi les nations de l'Europe.

NOTICE

SUR LES CAUSES

DE LA PROSPÉRITÉ PUBLIQUE

ET

DE LA DÉCADENCE DU COMMERCE.

L'avis donné par M. le Préfet de Seine et Oise, afin qu'il soit présenté sur les projets d'établissement de trois chemins de fer de Paris à Orléans, des observations tendantes à faire connaître le degré d'utilité de ces constructions, nous a suggéré l'idée d'entrer, à ce sujet, dans quelques développemens.

Beaucoup de personnes, même des économistes habiles, ont pu regarder ce genre d'opération comme généralement profitable à la société. Nous ne pouvons, dans toute hypothèse, partager leur avis, et nous présenterons diverses réflexions à l'appui de notre opinion.

Il est douteux que la question importante que nous discuterons ici, ait jamais été envisagée d'une manière spéciale par rapport aux intérêts généraux de la population. Nous chercherons donc à remplir cette lacune immense. Le genre de recherches auquel nous nous livrerons, nous fera rapprocher des considérations d'un ordre élevé, auxquelles toute l'existence sociale se rattache. La question première, celle des constructions à péage, deviendra dès-lors subsidiaire, et complétera la série de nos remarques.

Depuis un siècle, l'Angleterre a marché à pas de géant vers le perfectionnement des Arts, de l'Industrie et de la Civilisation. On ne peut se dispenser de reconnaître que dans ce pays et sous le régime le plus libéral du monde, les empiétemens des classes riches sur les classes moyennes et peu aisées aient été constans, et qu'ils soient maintenant portés au point de ne laisser vivre les quatre cinquièmes de la population anglaise qu'au jour le jour, c'est-à-dire, de ne permettre à chaque individu de gagner journellement que ce qu'il doit consommer pour s'alimenter et s'entretenir. Les travaux cessant, les ressources manquent, et des millions de citoyens sont livrés aux horreurs de la nécessité.

Si c'était là l'œuvre dernière, le complément nécessaire de la civilisation et de l'industrie, il faudrait dès aujourd'hui chercher à l'éviter, et rétrograder, en prenant l'habit de bure et les sabots, et en vivant dans l'heureuse médiocrité de nos pères.

Avec les mots de *libéralisme* et de *liberté*, on étourdit les peuples. La majorité des citoyens ne s'aperçoit pas que dans un gouvernement comme celui que nous venons de signaler, les efforts constans des classes influentes, sont d'augmenter leurs richesses, et non de perfectionner les moyens qui pourraient rendre heureuse la société tout entière. Les Ministres jugent de la richesse publique par le nombre et la force des impôts qu'ils perçoivent, par la facilité avec laquelle ils sont payés, par la quantité de numéraire en circulation. Mais ce ne sont là, le plus souvent, que des fictions; car, si dans un état où le numéraire et la propriété sont mal répartis, une cause secondaire quelconque vient interrompre l'activité de l'Industrie : le capitaliste ferme ses coffres, l'agriculteur vend toujours au comptant, et la misère prend bientôt, dans toutes les classes secondaires, la place d'une abondance qui n'était qu'apparente.

C'est ainsi que, prenant l'image pour la réalité, des Ministres, quelquefois bien intentionnés, perdent les peuples, perdent les gouvernemens, et remplacent ce qui reste encore dans nos Institutions de l'harmonie des premières sociétés, par des causes actives de destruction, qui fomentent des révolutions à l'intérieur, et produisent à l'extérieur de violens déchiremens politiques.

Il ne suffit donc pas de poser de brillans principes en gouvernement, il faut faire mieux, il faut les appliquer. On dit que les peuples sont libres selon les lois toutes paternelles du pays, et que les hommes sont appelés à resserrer de plus en plus les liens de leur fraternité première. Ce sont là, sans contredit, de belles idées; mais, qu'on le remarque bien, ce ne sont que des idées, que des intentions. Est-ce par exemple, parce qu'un Ministre, un Préfet ou un Maire, examinera avec le même intérêt la demande du pauvre comme celle du riche, que l'ensemble des relations sociales éprouvera une notable amélioration? Il n'en peut résulter, au contraire, que des conséquences très-minimes dans la perfectibilité du Gouvernement, parce que le nombre des personnes qui ont des relations avec les Autorités est peu considérable relativement à la masse générale; et que d'ailleurs ces relations ne portent que sur des dégrèvemens de contributions, des cessions de terrains entre les particuliers et l'Etat, des demandes en alignement pour bâtir, etc., etc. Est-ce, par exemple, parce que le peuple est constitué en Garde nationale pour le maintien de l'ordre et la défense du territoire, que les sources premières de la prospérité peuvent se trouver améliorées? On ne voit pas encore là de cause efficace.

Cependant on croirait qu'à ces dispositions, toutes secondaires par rapport au bien-être général, se borne, depuis long-temps, l'action du Gouvernement. Ce qu'il convient d'examiner avec l'attention la plus soutenue, est traité avec une légèreté sans égale; on laisse au plus intrigant et au plus riche la faculté d'appauvrir et d'affamer ses concitoyens; de paralyser tous les ressorts du Commerce et de l'Industrie, et l'on sanctionne ces actes par le mot de liberté!

Ainsi, la chronique nous apprend que, lors de la dernière baisse des grains, un Pair de France était sur le point de perdre un million pour avoir spéculé sur cette denrée; qu'un manufacturier, son voisin, allait aussi perdre quinze cent mille francs sur pareille opération; qu'un autre spéculateur voulait affamer le peuple pauvre d'une province, en accaparant toutes les pommes de terre, etc.

Grand nombre de dignitaires du royaume spéculent sur les fourrages , d'autres sur les bois ; ils imitent ceux de l'Angleterre, et se croient par là suffisammeut autorisés.

Avant de nous engager plus loin , rapprochons les principes généraux suivant lesquels le Commerce gradue ses opérations.

L'Industrie manufacturière et l'Industrie agricole alimentent le Commerce ; mais celui-ci n'obtient le dégré le plus élevé d'extension ou de prospérité, qu'autant que la répartition du capital circulant existe plus uniformément parmi le peuple.

C'est l'aisance bien prononcée des nombreuses classes ouvrières et industrielles du peuple qui décide la prospérité du Commerce, parce qu'elles consomment les produits simples et à la portée de tous, dont la confection et le placement en quantités considérables , déterminent invariablement la réussite de nos manufactures , ainsi que l'extension de leurs opérations à l'extérieur du Royaume. Les gros revenus sont en général ceux qui alimentent le Commerce dans la moindre proportion (1); les degrés moyens de l'échelle sont ceux qui, eu égard à l'étendue de leurs ressources, dépensent le plus ; enfin, le petit commerçant, l'artisan, l'ouvrier, dépensent toujours proportionnellement à leurs moyens. Si l'on dispose les choses de telle manière que les fonds se centralisent par grandes masses entre les mains d'une petite quantité de citoyens , on appauvrit nécessairement les nombreuses classes ouvrières et industrielles, et l'on met ces classes à la merci des variations politiques, des mouvemens de bourse, et plus encore à la merci du caprice d'une caste peu nombreuse d'individus idolâtres de leur intérêt particulier.

Pour marcher constamment vers la perfection , il faut conserver intactes nos ressources premières, c'est - à - dire celles données par le sol ; ne pas perdre de vue qu'en enrichissant par trop les capitalistes et propriétaires, on fortifie l'aristocratie territoriale ; qu'en élevant le prix des denrées de première né

---

(1) Il est peu de bonnes maisons qui ne capitalisent une partie de leurs revenus, pour de nouvelles acquisitions d'immeubles.

cessité, on torture par le besoin la population, ou que l'on restreint nos relations commerciales à l'extérieur du Royaume, à cause de l'augmentation des prix de fabrication; enfin, qu'il faut, pour ne pas épuiser notre richesse sociale, et imiter cette malheureuse Angleterre, dévorée de misère au sein même des plus grands trésors, qu'il faut, dis-je, maintenir un équilibre tel, que les classes les moins fortunées du peuple soient toujours assez rapprochées des classes moyennes, pour que la concurrence puisse être facilement entretenue, et que les points d'acheminement d'une classe inférieure vers une classe supérieure soient peu difficiles à atteindre.

Ainsi l'application de ces principes doit s'étendre :

A la possession territoriale ;

A l'Industrie ;

Au Commerce intérieur et extérieur ;

Aux emplois du Gouvernement, soit civils, soit militaires.

Il ne faut pas s'imaginer que des difficultés sans nombre entraveraient la marche du Gouvernement, s'il voulait arriver à ces résultats. Il suffit d'entretenir l'aisance dans toutes les classes ouvrières et industrielles; et pour y parvenir, il faut d'abord *faire baisser à un taux raisonnable le prix des denrées de première nécessité*. Les mesures secondaires propres à conserver l'avantage de ces dispositions, ressortiraient particulièrement de la marche sage et prudente du Ministère dans les actes de son administration. Toujours même but, toujours même tendance : grossir constamment la somme des avantages qui doivent profiter à la société toute entière, rejeter impitoyablement les mesures conditionnelles et d'exception, parce qu'avec de pareils subsides on parvient à tout brouiller et à tout perdre.

Plus sages et plus puissans que nos voisins d'outre-mer, nous pouvons graduellement modifier nos élémens de prospérité dans un sens tel,

1.º Que la population augmentant, la propriété territoriale se subdivise jusqu'à la limite absolue des trois cinquièmes en petites possessions, et deux cinquièmes en grandes et moyennes propriétés ;

2.° Que l'Industrie venant à simplifier ses moyens de fabrication, ou à diminuer les prix et les mains-d'œuvre, le Ministère puisse toujours présenter une juste compensation *quotidienne*, soit par la subdivision de la propriété ou de la fortune pécuniaire, soit par la plus grande exportation de produits indigènes et manufacturés, parce que ces circonstances sont les seules où il y ait véritablement simple mutation ou répercussion d'Industrie. On obvie ainsi à l'inconvénient qui résulte de ce que les nouveaux produits profitables aux riches (qui consomment beaucoup) dans une proportion vingt fois plus forte qu'ils ne le sont aux pauvres, fassent économiser un sou à celui-ci, en dispensant le premier de dépenser vingt sous qui auparavant entraient dans la masse commune de l'Industrie.

Revenant à ce qui a été dit plus haut, nous remarquerons que le prix des céréales servant de régulateur à celui de toutes les denrées premières, la question se réduit *d'abord à trouver le meilleur taux auquel il convient d'obtenir le pain.*

Le prix de soixante centimes pour les quatre livres de pain blanc à Paris, est si bien approprié aux besoins de la population et aux intérêts du propriétaire et du fermier, qu'avant l'époque même où la contribution foncière fût dégrevée de quarante millions, on regardait ce taux déjà élevé du pain, comme assurant au propriétaire la rentrée facile de ses fermages, et permettant au fermier de bons et raisonnables bénéfices.

Depuis cette époque, les produits de l'Industrie ont singulièrement diminué de valeur; le prix des produits agricoles aurait dû suivre un décroissement proportionnel, puisqu'aujourd'hui le riche, avec des revenus moindres, peut vivre aussi bien et mieux que par le passé. Le contraire étant arrivé, il faut en conclure que les mesures administratives et législatives, concernant ces matières, ont été prises pour favoriser le monopole et l'aristocratie de la propriété. L'ouverture de nouvelles routes et canaux a jusqu'ici produit l'effet inverse de celui qu'on attendait de leur établissement. Enfin les choses sont arrivées au point, que l'Industrie même est presque généralement devenue haute aristocratie, parce qu'à raison de la gêne du Commerce, les gros capitalistes manufactufiers écrasent les petits, et conservent seuls l'avantage de la concurrence.

Soyons fiers maintenant de la bonté de nos Institutions; admirons la marche graduée et constamment soutenue depuis nombre d'années pour dévorer la substance de la nation, restreindre de plus en plus l'Industrie, miner sourdement le Commerce, excepté celui de monopole, et appauvrir sans relâche, et jusqu'au dernier centime, toutes les classes inférieures et si intéressantes du peuple.

Le Gouvernement impérial faisait peser sur les citoyens un sceptre de fer, mais le riche comme le pauvre se trouvaient contenus, et en masse le peuple était plus heureux qu'aujourd'hui. On ne voyait pas le monopole toléré et même encouragé par des lois. Certain haut dignitaire pourrait encore dire ce qu'il en coûtait alors pour se livrer à de pareilles opérations.

La France, en payant six cents millions d'impôts, était certaine plus riche ; la société mieux constituée qu'au temps présent où notre énorme budjet d'un milliard n'affiche qu'une prospérité apparente.

Une caste d'hommes peu nombreuse veut nous mettre au niveau de la malheureuse Angleterre, anéantir nos immenses ressources, et réduire les cinq sixièmes de notre majestueuse population à un état voisin de la mendicité.

Les Ministres, pour ce qui concerne les dépenses matérielles premières, paient tout plus cher que par le passé, et sous ce rapport ne trouvent aucune amélioration dans leur budget ; ils ont seulement la douce satisfaction de doubler et tripler le nombre des fonctionnaires publics et des pensionnaires de tout genre ; de multiplier les sinécures et les gros traitemens, et de satisfaire par là aux exigeances d'un régime où les économies paraîtraient aux yeux du peuple des prétendans, un crime de lèse-Majesté.

J'ajouterai enfin qu'avec une Constitution très-imparfaite, on peut rendre le peuple heureux, parce que la volonté ferme du Gouvernement et sa tendance au bien suffisent pour redresser l'application des principes, qui, quelques parfaits qu'ils soient, donnent toujours matière à interprétation ; pour rassembler et contenir dans la bonne voie les élémens principaux de la prospérité publique.

En 1821, sous le ministère de M. Roy, commença le renchérissement des denrées de première nécessité, par suite de la combinaison adoptée pour les droits d'importation et d'exportation, imposés sur les céréales ; en 1827, sous MM. Roy et Martignac, l'œuvre se compléta ; on forma quatre classes de départemens, au lieu de trois ; on éleva encore de deux francs par hectolitre le prix auquel l'importation des grains pouvait être permise ; on proclama la plus grande liberté du Commerce des céréales, en délivrant des patentes de maquignons ou courtiers de grains ; l'impulsion fut donnée, et la propriété agricole, le commerce de courtage et de monopole recueillirent tous les avantages des mesures adoptées par le Gouvernement.

Au mois de juillet 1830, nous avons dénoncé au Gouvernement le monopole des grains ; au 8 août, nous avons renouvelé nos mémoires, et les avons fait suivre à la date des 14 août et 18 septembre même année, par d'autres écrits sur le même objet. Il en est résulté à la Chambre des Députés la loi temporaire qui a diminué le prix d'entrée des céréales importées. Le discours de M. Delaborde, fait à cette occasion, fut calqué sur une partie des principes énoncés dans nos *mémoires*.

Au 11 décembre 1830, nous avons fait parvenir à la commission du Commerce de Paris, nommée près du quatrième arrondissement municipal, une notice où sont exposés sommairement les détails fournis dans ces *mémoires*. Nous avons terminé cet écrit par un projet d'ordonnance dont l'objet serait de ramener l'abondance au sein de notre Patrie, et de fournir désormais au paysan français, qui est, à quelques exceptions près, le plus mal nourri des paysans de l'Europe, une nourriture substantielle et abondante.

Les concessions, jusqu'ici obtenues de la Chambre, sont encore trop minimes pour raviver les ressorts de notre grande machine politique. Il est vrai qu'il était difficile, à cette première époque, de suivre la meilleure voie, trop d'intérêts contradictoires étaient en présence. Nous allons arriver sur une

arène moins cahôtante, où les intérêts de chacun seront vrai-
semblablement mieux appréciés, et appelés à composer un intérêt général prépondérant, bien opposé à l'état de perdition qui
depuis long-temps détruit sourdement toutes les bases de notre
prospérité.

Quant aux constructions à péage, nous ne pouvons les consi-
dérer dans l'état actuel des choses, que comme un complément
de la ruine publique.

Leur objet apparent est de favoriser le Commerce, et d'amé-
liorer les communications. Or, diminuer, par ces moyens de cinq
centimes, le prix d'un produit manufacturé, consommé à l'intérieur, c'est, ainsi que nous l'avons déjà remarqué, faire économiser
un sou au pauvre, et priver l'Industrie de vingt sous qu'économise
le riche en cette même circonstance ; c'est enfin diminuer le
nombre des bras employés, sans présenter une compensation
équivalente. Avec de bonnes lignes de canaux et des communications fluviales, on transporte au plus bas prix possible, et l'on
ne craint pas, sous ce rapport, la concurrence étrangère pour
les produits exportés au dehors du Royaume.

On va dire que les fonds employés à la construction de ces
ouvrages, étant répandus parmi les classes industrielles, pré-
sentent une véritable compensation.

Non ! il n'en est point ainsi ; parce que, 1.º en ce qui concerne la circonstance critique où nous nous trouvons, la plus
grande masse de ces fonds, toute la partie de la main-d'œuvre,
est aussitôt absorbée par l'Industrie agricole et va renforcer l'aristocratie territoriale ; 2.º les concessions dont nous parlons per-
mettent ordinairement aux compagnies de retirer leurs capitaux
après quelques années de perception, et d'obtenir encore pendant
trente, soixante ou quatre-vingt-dix ans, des intérêts de 15 à
20 pour cent de la somme primitivement avancée et recouvrée.

L'Industrie, en réclamant l'établissement d'ouvrages par concession, emprunte donc des sommes à un intérêt prodigieu-
sement onéreux, et s'appauvrit ; elle permet à des compagnies,
avides de bénéfices, de cumuler des sommes immenses qui vont
fortifier des capitaux déjà trop considérables, que l'on ne fait plus

agir que dans le monopole, et qui, loin de profiter à l'Industrie, tendent directement à l'anéantir.

Que l'on ne croie pas encore qu'à ces seuls résultats se borne l'établissement de certains ouvrages : de chemins de fer, par exemple; ceux de Paris à Orléans.

Ces constructions sont d'une nature telle que l'entretien par le Gouvernement n'est guère commode, et ne paraît pas devoir se prolonger au delà d'une époque où les arts se ralentiront, et mourront enfin pour un long espace de temps.

Ces considérations ont pu engager l'administration à traiter avec des compagnies. Mais que demandent-elles ? Concession à perpétuité des droits à percevoir; l'une d'elle demande, en outre, à s'approprier le transport de toute marchandises au-dessous de deux mille kilogrammes; une autre laisse établir la concurrence entr'elle et le roulage ordinaire, mais en se réservant de débattre de gré à gré les droits à percevoir, etc., etc.

Laissons donc faire le monopole, l'aristocratie de la richesse et de la propriété; et bientôt nous ne verrons plus, même dans la campagne, un petit maître maçon parvenir à se former une clientelle capable d'occuper deux ou trois ouvriers pendant la saison des travaux. Dans tous les états, dans toutes les branches d'Industrie, il n'y aura plus de concurrence possible; la richesse englobera tout, et en moins de dix ans la société se composera d'une petite peuplade de riches et d'une immensité de malheureux. Delà viendraient, comme en Angleterre, la taxe pour les pauvres, et autres misérables perfectionnemens du même genre : périodes extrêmes d'une société prête à se dissoudre.

Si l'on veut absolument avoir une route de fer entre Paris et Orléans, nous pensons que le Gouvernement doit en faire les frais. Il lui sera facile de trouver trois millions par an, pendant trois ou quatre années de suite que dureront les travaux. La seule administration des ponts et chaussées, citée comme modèle à suivre, pourrait fournir annuellement un millions d'économie, espèces sonnantes, sans nuire à ses constructions, ni déplacer un seul individu de son personnel; avec de la bonne volonté, on ne serait pas embarrassé pour trouver le reste.

De l'adoption ou du rejet des principes que nous avons exposés dans cette notice, résultera la prospérité du pays ou l'anéantissement de la prééminence qu'exercent les Français en Europe.

Avec les ressources que nous possédons, avec les colonies que nous occupons, nous pouvons entretenir, pendant dix siècles, une heureuse aisance parmi nos peuples, et ne pas laisser péricliter la société.

Si nous continuons à marcher dans un cercle vicieux, nous fomentons de puissans élémens de révolutions ; ou en portant, à l'imitation de l'Angleterre, la guerre et ses fléaux chez tous les peuples du monde pour en tirer des subsides, nous conserverons plus long-temps les Institutions éphémères de notre ordre social.

Ici se résume toute la science des gouvernemens, et paraît, dans toute son évidence, *la conséquence obligée d'une bonne ou d'une mauvaise administration.*

WEBER.

23 Juin 1831.